你好啊，小诗词

③春夏各有实

王迎新◎编著
霜 豪◎绘

中国铁道出版社有限公司
CHINA RAILWAY PUBLISHING HOUSE CO., LTD.

[使用说明]

9 类 88 种汉字结构
和语文配套的硬笔楷书
全方位的练习指导
与诗文紧密结合

注释
给多音字、生僻字注音
为难字释义

16 类 200 首经典古诗词
硬笔楷书，大字展示
更方便抄诗、临摹
诗词涵盖中小学生必背诗词
及优秀的课外诗词

小诗词知识
了解诗人创作背景
感受古代文人生活
学习诗词分类知识

画赏
读诗赏画
培养审美

诗说
尊重诗词原意
解读诗境，注释浅显易懂

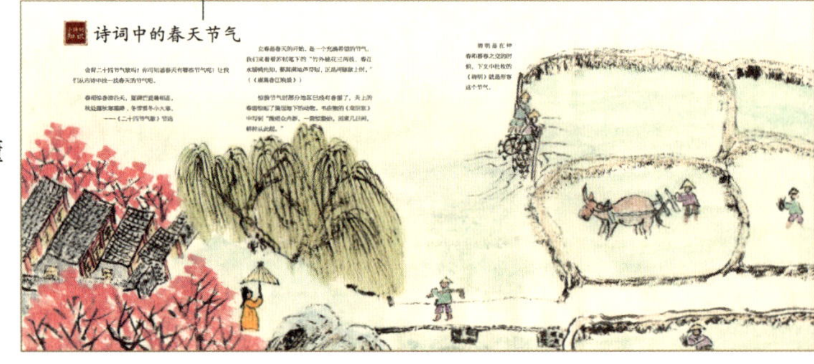

[书法常识]

坐姿

开始做诗抄，首先要有一个正确的坐姿。好的书写姿势，既可以提升专注力，又可以让身体更放松，还可以提高抄诗的速度，达到事半功倍的效果。

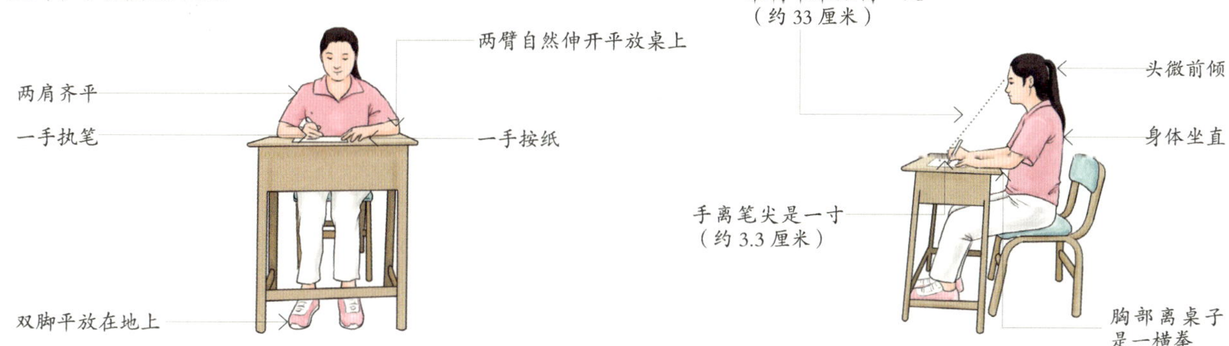

正确的书写姿势

握姿

抄写诗的过程需要手指和手腕的配合，“两面三点执笔法”能有效地调动它们的灵活性，①②两面捏住笔，③④⑤为支撑点。

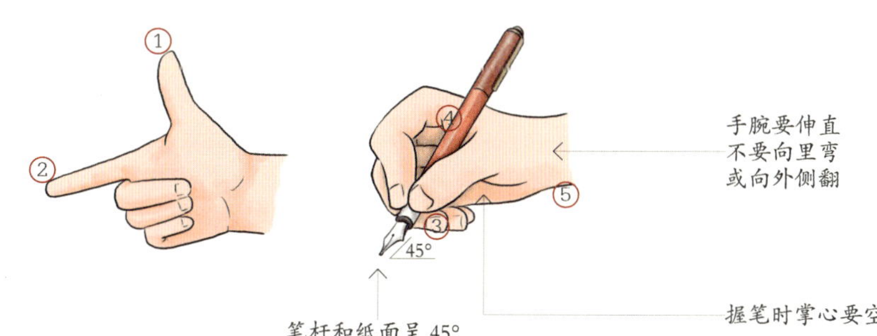

心态

抄诗时要心平气和，不能过分追求速度，导致越写越急，越急写得越潦草。

善于发现抄诗的乐趣，养成一种“乐而知之”的良好心态。

每天可以安排 5~15 分钟抄诗，需保证抄诗的质量，不要追求数量。

选笔

笔尖坚硬的书写工具，都被称为“硬笔”。可根据不同学段选用铅笔、中性笔、钢笔等抄诗工具，笔杆应粗细相宜。不建议选择自动笔和圆珠笔进行练字。

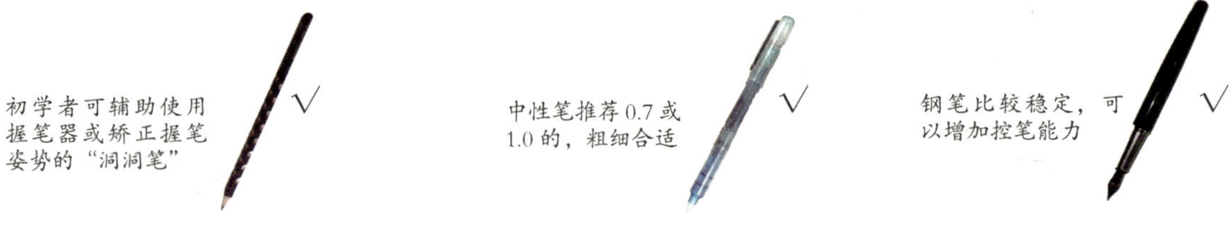

选帖

在挑选临摹字帖时，建议根据个人的喜好选帖。将水平较高的字帖，放在一起对比。

当代一些比较优秀的书法家，他们风格都各不相同，有清秀别致、严谨规范的，也有潇洒飘逸、激励奔放的。选择自己最喜欢的字帖临摹。荀子曰“好一则博”，初学书法，要先专一，方能博学。选好一本字帖，要专心致志练下来，不能朝三暮四，待一本字帖临摹熟了，才可更换字帖，博采众长。

读帖

在临帖之前要仔细观察字的结构、布局、笔画、笔法等，古人称之为“读帖”。

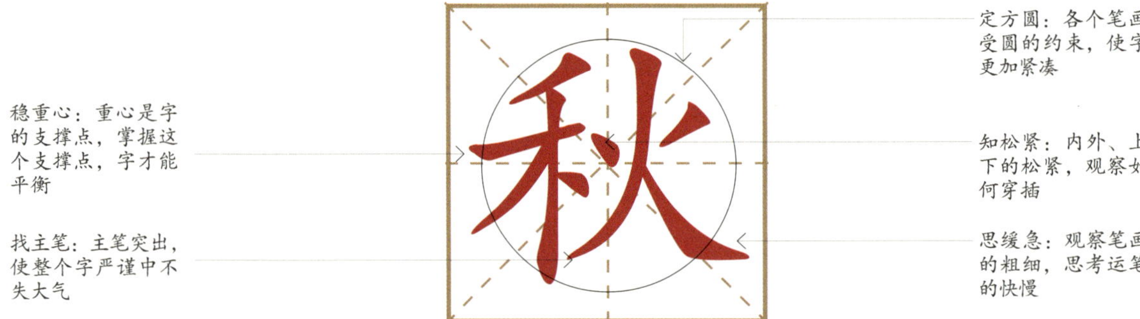

临帖

临帖是照着字帖上的字，通过自己练习去了解书法的技法和规律，是学习书法的最有效方法。学习的重点从笔画到结构再到章法，循序渐进。

笔画：一个笔画怎么写

结构：一个字怎么写

汉字分为上下、左右、半包围、独体字等结构，结构虽然多样，但还是有规律可循。这里不赘述，正文“练字指导”版块里，有详解。

练字指导版块的解释

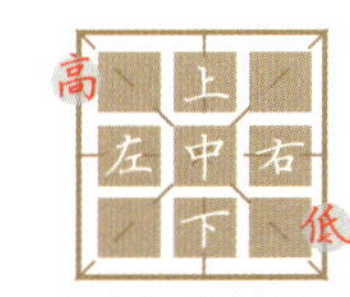

汉字部件的位置

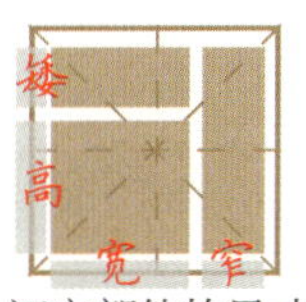

汉字部件的尺寸

章法：一首诗怎么写

特点

整齐划一：字与字、行与行之间等距，保持整齐但不呆板。

多样统一：在和谐统一的关系中注入多样性、变化性，不应该忽略每个字的细节。

形式

横写法：字序从左到右，行序从上到下，首行空两格，字间加标点。

竖写法：字序从上到下，行序从右到左，是较为传统的书写方式。

练字指导索引

手机扫描二维码，即可观看书法课程。

上下结构的字

上中下结构的字

左右结构的字

左中右结构的字

独体字

半包围结构的字

常用偏旁

目录

夏

古诗词快速记忆技巧

熟读后，书写三遍。

第一遍，描：用自干笔在本书诗词上直接描。

第二遍，抄：在田字格本子上抄，每句只看一次。

第三遍，默：尝试独立默写整首诗。

（每个主题的诗词按照难度由低到高排序）

春夏各有实

经典的古诗词，诵读是远远不够的，在落笔书写的那一刻，在平顺转折之间，字里行间溢满了诗人的情怀。诗言志，词言情，生活中有了诗词，才会有诗意。从小就感受诗词的意境，人生何惧不精彩。

这本《春夏各有实》分册中，我们选择了 32 首诗词，并根据诗意分为春、夏两个主题，引导读者赏析诗词，抄写诗词，理解诗意，感受诗境。

《桃花渔艇图》［清］王翚

这幅画色彩明丽，自然界色彩之妙，全出于笔下。高山上一条溪流蜿蜒而下，小溪两岸的桃花开得正艳，落英缤纷，山石嶙峋。山坡上绿草葱郁，古松苍劲，一只渔船沿着溪流缓缓驶来，画面整体给人以灵动雅逸的意境。

春晓

【盛唐】孟浩然

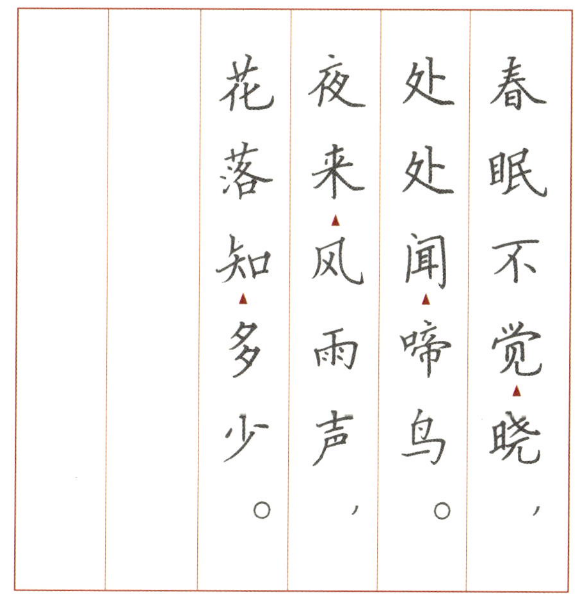

练字指导

独体字。
字形偏扁，
上部左点低右点高，
下部斜撇长且舒展，
略往下弯曲。

▲春晓：春天的早晨。

▲不觉：不知不觉，没有察觉到。

▲闻：听到。

▲夜来：夜里。

▲知：知道。

诗人在春日里贪睡，不知不觉天已经大亮了。屋外到处都是鸟儿的欢叫声，扰乱了诗人的好梦。诗人想起，昨夜的风雨声一直没有停歇过，娇美的春花不知道会被这场风雨吹落了多少啊。

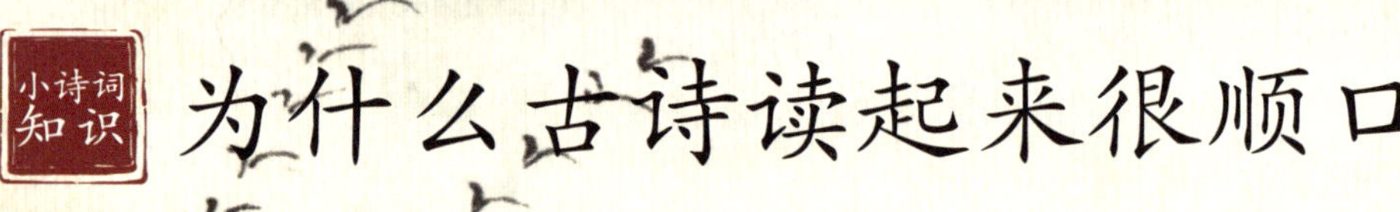

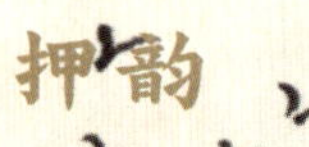

古诗中某些句子最后一个字会押韵，即使用韵母相同或相近的字，这样会使整首诗在朗诵或者咏唱时音调优美，产生铿锵和谐感。下面我们来看一下贺知章的《咏柳》。

gāo（ɑo是韵母） tāo

碧玉妆成一树高，万条垂下绿丝绦。

chū（第三句中韵母和其他句不同）

不知细叶谁裁出，二月春风似剪刀。

dāo（韵母和“高”、“绦”一样）

平和仄

唐诗特别讲究声调上的平仄相对，这种有规则的重复，会让诗句读起来抑扬顿挫、朗朗上口。比如《春晓》。

春眠不觉晓，处处闻啼鸟。

平平仄仄仄　仄仄平平仄

夜来风雨声，花落知多少。

仄平平仄平　平仄平平仄

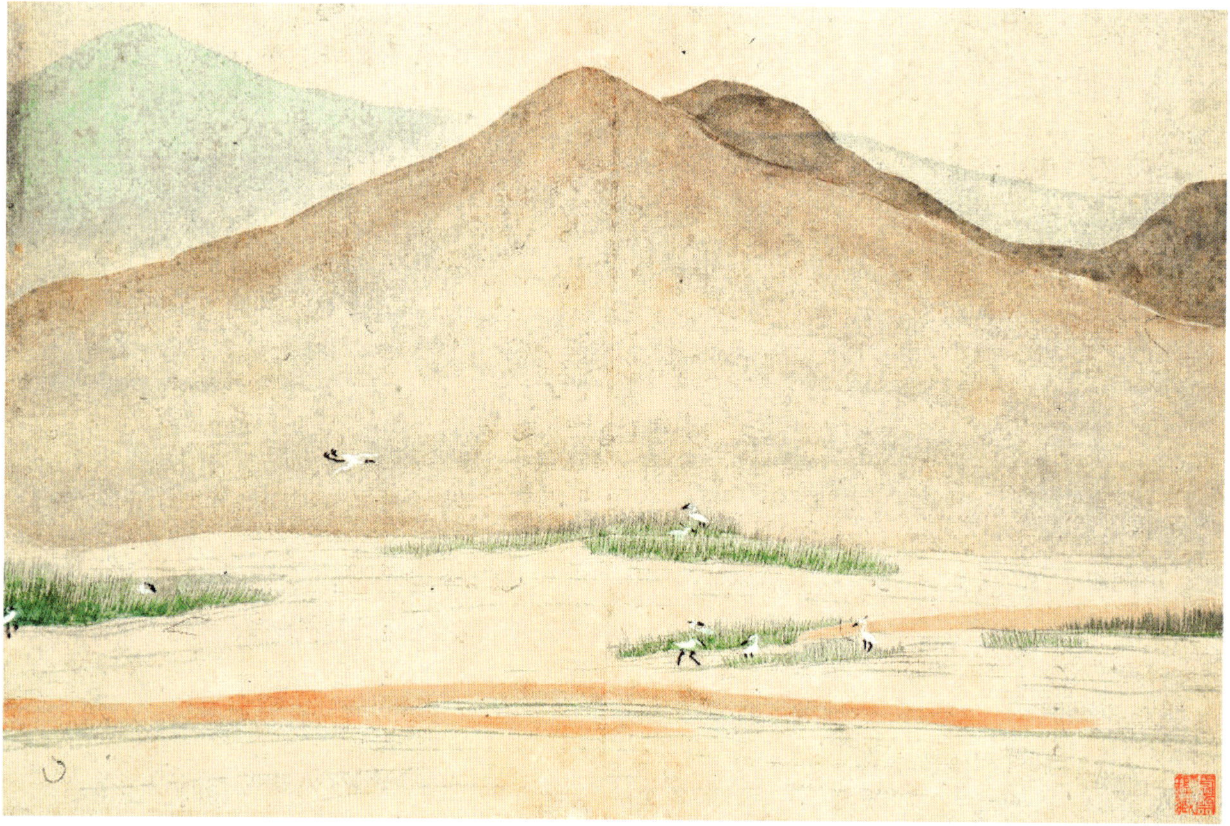

《山水人物图》［清］金农

画作中的山轮廓分明，笔墨浓淡相宜。近处水草如茵，白鹤形态各异，或两两嬉戏，或梳理自己的羽翼，或在天空中飞翔，整个画面生动活泼。画家随意挥手点染，却简朴疏秀。

渔歌子·西塞山前白鹭飞

〔中唐〕张志和

▲渔歌子：词牌名。

▲西塞山：在今浙江省吴兴西南。

▲白鹭：一种白色的水鸟。

▲桃花流水：桃花盛开的季节正是春水盛涨时候，俗称“桃花汛”或“桃花水”。

▲鳜（guì）鱼：淡水鱼。

▲箬（ruò）笠：竹叶或竹篾做的斗笠。

▲蓑（suō）衣：用草或棕编制成的雨衣。

▲不须：不一定要。

西塞山前，白鹭在自由自在地飞翔，桃花盛开，春水猛涨，这个时节鳜鱼长得正肥。江岸上有一位老翁，戴着青色的斗笠，披着绿色的蓑衣，正在斜风细雨中欣赏春天水面上的景物，不愿离去。

这首诗整体读来很像一幅画，无论是渔翁还是鱼儿，都那么生动。

《三绝图》［明］姚绶

湖岸边一片草色葱绿，大雁也陆陆续续归来，溪头的桃花怒放争春，一少年忙趁春风来踏青。湖对岸茂林修竹中掩映着连片的村舍，人们或依窗远眺，或邻里间把话家常，整个画面生机盎然。

江南春

【晚唐】杜牧

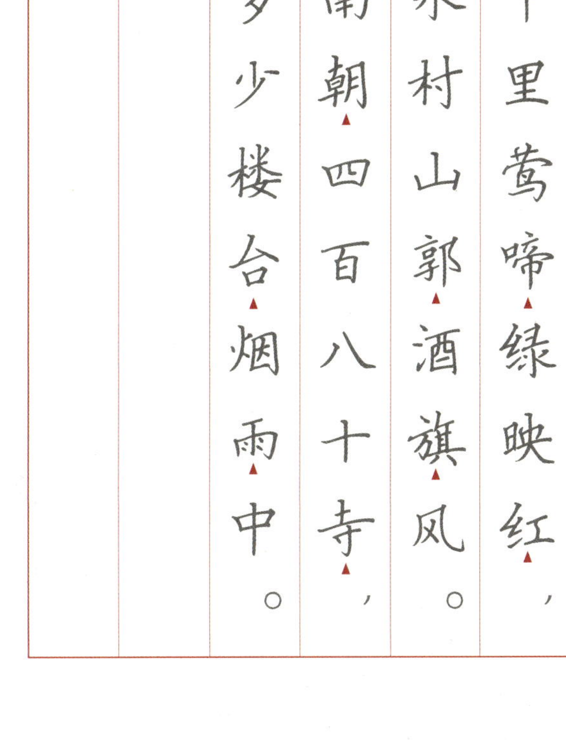

练字指导

上中下结构的字。
中宽上下窄，
上部横收短，
弯钩宜写长，
乌上部收紧，
弯钩略往左倾斜。

▲莺啼：指莺啼燕语。

▲绿映红：绿树红花相互映衬。

▲郭：外城。

▲酒旗：酒帘，高悬在酒店外的标志。

▲南朝：中国南北朝时期，南方四朝的总称。

▲四百八十寺：不是确切的数字，形容寺庙之多。

▲楼台：指佛寺中的建筑。

▲烟雨：细雨蒙蒙，如烟如雾。

江南大地鸟啼声声，绿草红花相映，水边村寨、山麓、城郭处处酒旗飘动。南朝遗留下的无数座古寺，那些楼台全笼罩在风烟云雨中。

若说起写江南的诗，那说上个三天三夜可能也说不完。但要说江南诗词中有哪些名篇，杜牧的这首诗一定在其中。

小诗词知识

诗词中的春天节气

会背二十四节气歌吗？你可知道春天有哪些节气呢？让我们从古诗中找一找春天的节气吧。

春雨惊春清谷天，夏满芒夏暑相连。
秋处露秋寒霜降，冬雪雪冬小大寒。
——《二十四节气歌》节选

立春是春天的开始，是一个充满希望的节气，我们来看看苏轼笔下的“竹外桃花三两枝，春江水暖鸭先知。蒌蒿满地芦芽短，正是河豚欲上时。”（《惠蒿春江晚景》）

惊蛰节气时部分地区已经有春雷了，天上的春雷惊起了蛰居地下的动物。韦应物的《观田家》中写到“微雨众卉新，一雷惊蛰始。田家几日闲，耕种从此起。”

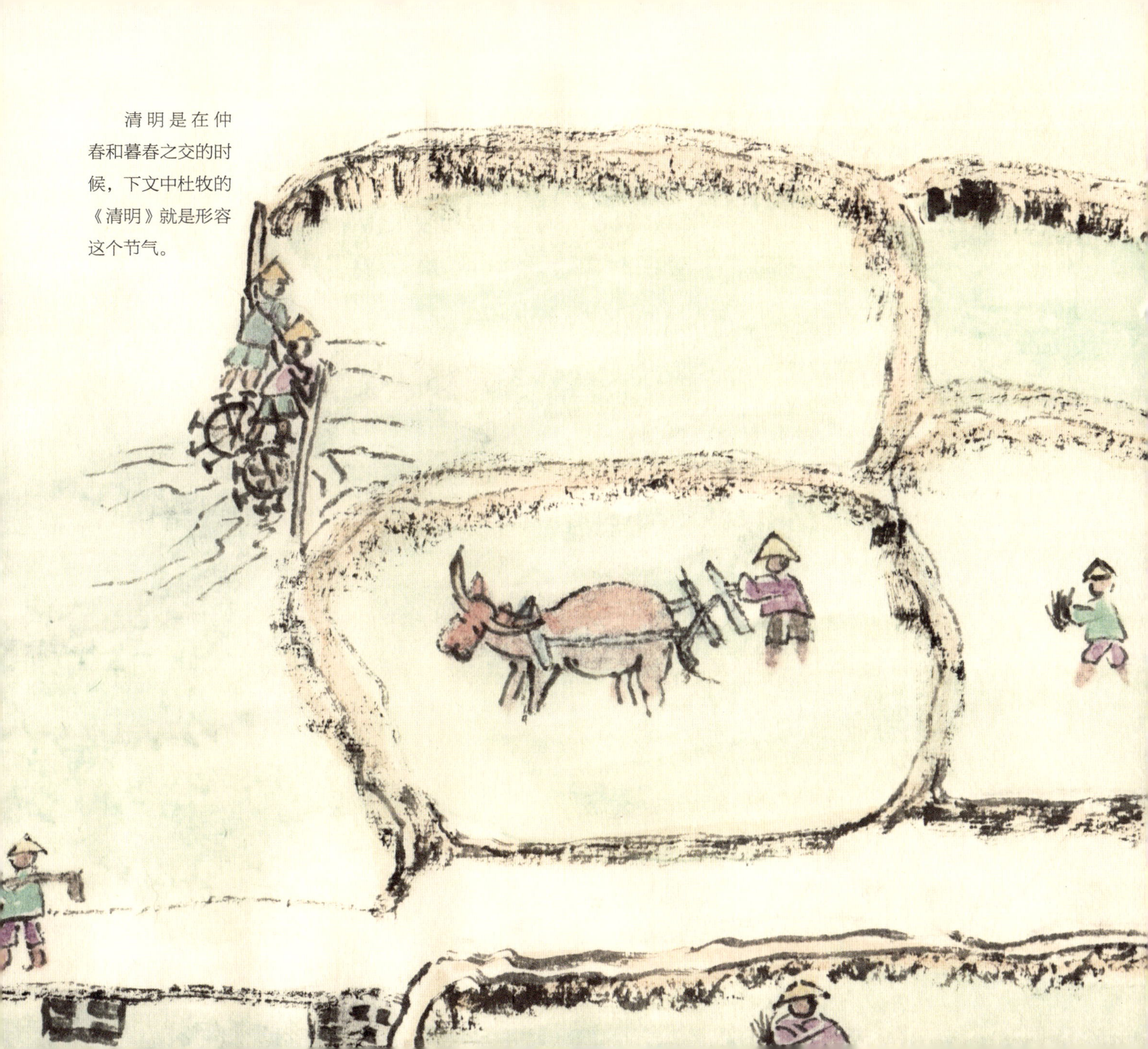

清明是在仲春和暮春之交的时候，下文中杜牧的《清明》就是形容这个节气。

《山水册图》［明］沈颢

在两山之间，江水缓缓流淌，一座木桥连接了两岸。山中瀑布飞流而下，江面上怪石嶙峋，古木虬（qiú）枝。桥上有一个牧童牵着驴，后面的老翁双手作揖；对岸一童子手指前方，仿佛在为身后的挑担者指路。整幅画笔墨秀润雅逸、立壑奇突。

清明

【晚唐】杜牧

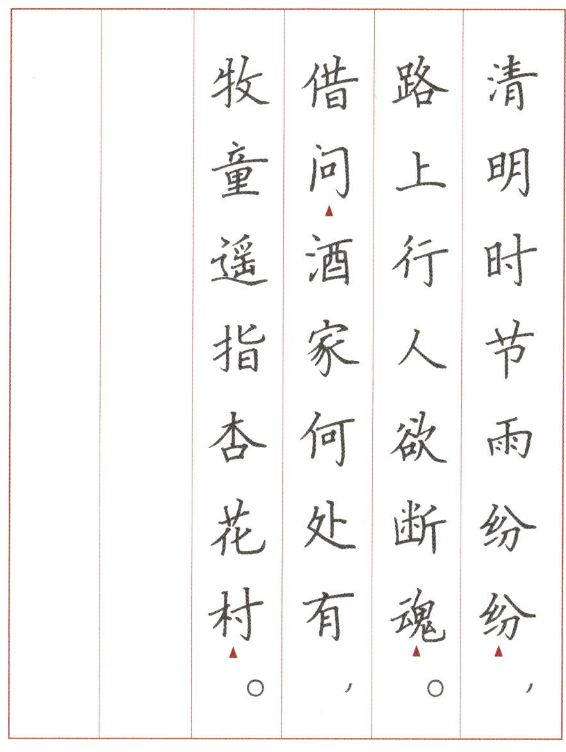

练字指导

上下结构的字。
上高下矮，上宽下窄，
上部横画短且倾斜，
撇捺要写得舒展，
下部收紧且扁平。

▲清明：指农历二十四节气之一。

▲纷纷：多而杂乱。

▲欲断魂：形容极其伤感；断魂，失魂落魄。

▲借问：询问，请问。

▲杏花村：杏花深处的村庄。

诗说

清明的时候，雨水总是纷纷而至，路上的行人都像失魂落魄了一样。诗人想在路上找个行人问一问哪里有可以歇息的酒家，骑在牛背上的牧童指着远方告诉他，前面就是可以歇脚的杏花村了。

每到清明时节，雨水会比平时多一些。这样的时节特点，早在几百年前，古人就已经发现了。

《梅竹春音图》【清】华岩

练字指导

常用偏旁之春字头。
写春字头时，
第二横较短，
第三横稍长，
撇捺要突出且舒展，
撇和捺把底横平分成三等份。

这幅画绢本设色，山峰耸立，怪石嶙峋，春天也将山峦染上了绿色，山下的树林掩映间，有阁楼几间。远处的湖面水波粼粼，水汽氤氲弥漫，一人持杖在石桥上行走，书童挑着行李紧随其后。

早春呈水部张十八员外

[中唐] 韩愈

天街小雨润如酥，
草色遥看近却无。
最是一年春好处，
绝胜烟柳满皇都。

▲张十八员外：指诗人张籍。

▲天街：京城（长安）的街道。

▲润如酥：细腻如酥油；酥，酥油或奶油，这里形容春雨滋润。

▲最是：正是。

▲处：时。

▲绝胜：远远胜过。

▲皇都：帝都，这里指长安。

在京城大道上下着纤细的小雨，它像酥油般细密而滋润，朝远处看去，青草仿佛连成了一片，走近一看却是零星稀疏。这是春季里最美的早春季节，远远胜过绿柳满城的晚春景色。

《桃潭浴鸭图》 [清] 华岩

练字指导

左右结构的字。
左窄右宽，左矮右高，
左部起笔，撇短且较倾斜，
横短撇长，点位于撇的中间位置，
右边竖长而直，
点位于竖中间偏下位置。

在虬曲的桃枝上，粉红色的桃花俯仰生姿，灼灼芳华。三两枝柳条垂落在清澈见底的潭水上，随风摆动的柳梢在潭面上泛起了涟漪，潭中野鸭自顾自地嬉戏。画面中的小草、桃花、柳枝虽用笔简练，但色彩浓墨相宜，画面充满天然情趣，给人以清新悦目之感。

惠崇春江晚景·其一

［北宋］苏轼

竹外桃花三两枝，
春江水暖鸭先知。
蒌蒿满地芦芽短，
正是河豚欲上时。

▲惠崇春江晚景：这首诗是苏轼为惠崇的画作《春江晚景》所写的题画诗；惠崇，北宋名僧，能诗善画。

▲蒌蒿（lóu hāo）：一种生长在洼地的草本植物。

▲芦芽：芦苇的嫩芽。

▲河豚：一种肉味鲜美的鱼，有毒性。

▲上：逆江而上。

诗说

竹林外的桃花已经开始绽放了，水中嬉戏的鸭子最先知道春天的江水回暖了。河滩上已经长满了蒌蒿，芦苇也抽出了细芽。河豚也要在这个时候逆流而上，从大海回到江河中了。

是谁，先感受到了春天的到来？诗人说是水中的鸭子。

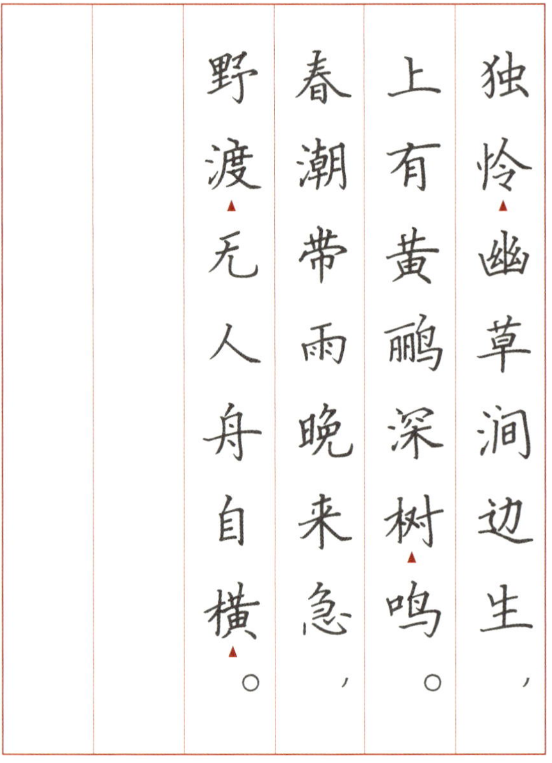

练字指导

半包围结构的字。
左上包右下，
上部横要写长，
撇交于横的中点位置，
下部两竖平行，右竖较长，
钩画在最低处。

▲滁州：今安徽滁州。 ▲西涧：在滁州城西，俗称“上马河”。 ▲独怜：唯独可怜。
▲深树：树林深处。 ▲野渡：郊野的渡口。 ▲横：随意漂浮。

春天细雨绵绵的渡口是什么样的景色呢？诗人很是喜爱岸边生长的悠悠野草，还有那灌木丛深处偶尔发出的婉转的黄鹂鸣叫的声音。他站在渡口边，此时的春潮正不断上涨，还带着细密的春雨。在这荒野里的渡口并没有人烟，只有一只小船径自横在水面，悠闲自在。

江畔独步寻花 其五

［盛唐］杜甫

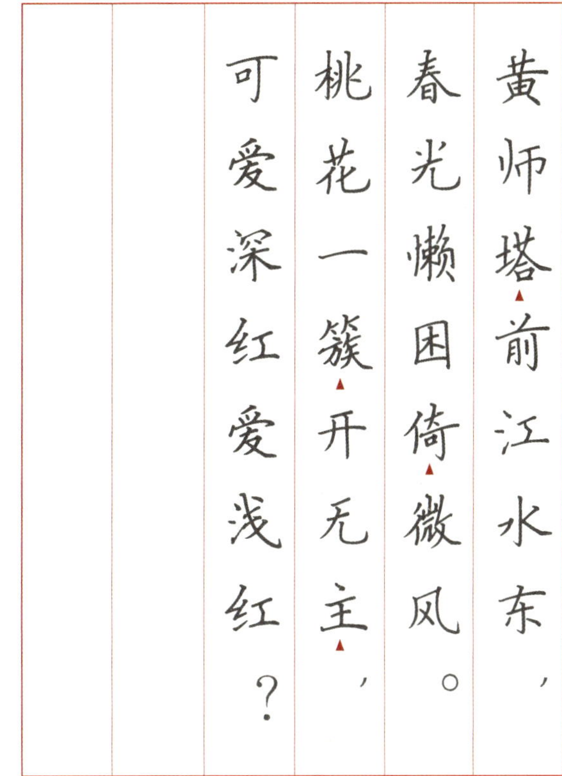

▲江畔（pàn）：江边。▲独步：独自散步。

▲黄师塔：一位姓黄的僧人墓地，当时蜀人称僧人为“师”，称僧墓为“塔”。

▲倚（yǐ）：靠着。▲簇（cù）：丛。▲无主：没有人经管。

诗说

黄师塔前滚滚的江水向东奔流而去，春天的阳光让人觉得困倦，想倚着春风休息一会儿。江边盛开的桃花没有主人，诗人见了，想着是深红好还是浅红好呢？

春天给人以生机，有时候也会给人以闲情。

画家营造出一种全景的视角。在画卷远处，山峦若隐若现，一艘艘小船在江面上迎风起航。画卷的下方有一位老翁，佝偻着腰，手持长长的竹竿在江畔行走着，岸边怪石嶙峋，古木参天。

《江山卧游图》局部 ［清］程正揆

《湖天春色图》【清】吴历

练字指导

独体字。
斜三角形，
起笔为平撇，
横略倾斜，
横画偏左位置写斜钩，
主笔斜钩要写长。

平静的湖面上，鸟儿在自由地飞翔，远处青山如黛。一条小径曲曲折折，一直伸向远方的山里，湖边茵茵绿草，树木摇曳，整幅画给人描绘了一幅清新明媚的春景。

泊船瓜洲

【北宋】王安石

京口瓜洲一水间，
钟山只隔数重山。
春风又绿江南岸，
明月何时照我还。

▲泊船：停船靠岸；泊，停泊。 ▲瓜州：在长江北岸，扬州南面。 ▲京口：指今天的江苏镇江。
▲一水：指长江。 ▲钟山：今南京紫金山。 ▲绿：吹绿。 ▲还：归还。

京口和瓜州，只不过隔着一条长江，钟山也只不过隔着几座山而已。又过了一年，春风吹绿了江南两岸，明月啊，你什么时候才能照亮我回家的路呢？

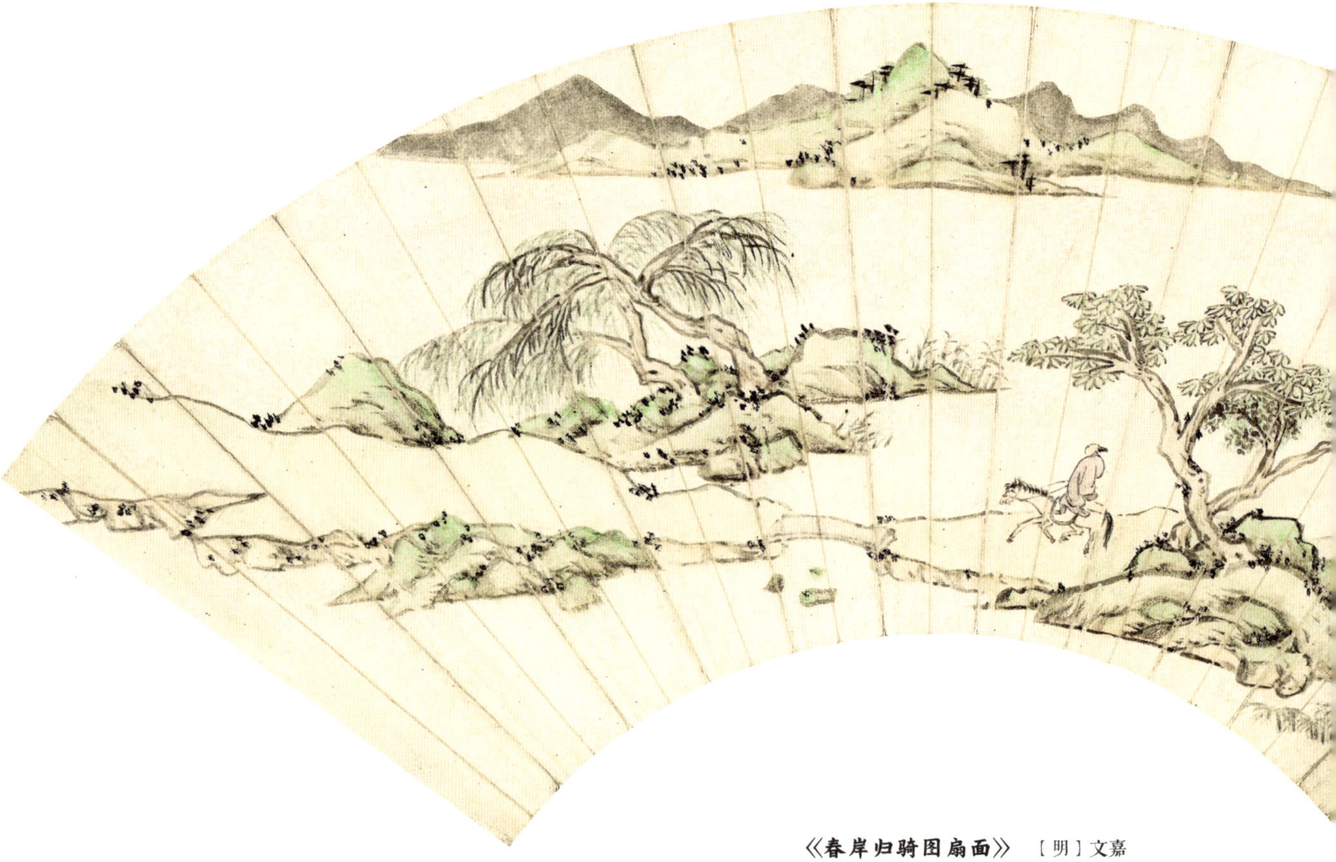

《春岸归骑图扇面》〔明〕文嘉

这幅画主要以墨绿设色。远处青山连绵，用墨笔点树，依稀可见。近处东风拂过，杨柳依依，主人公骑马踏春，凝视着远方。整个画面呈现出春光明媚的景致。

春日

【南宋】朱熹

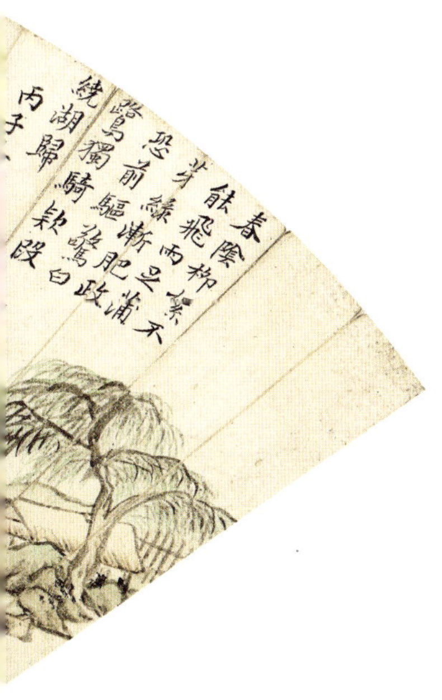

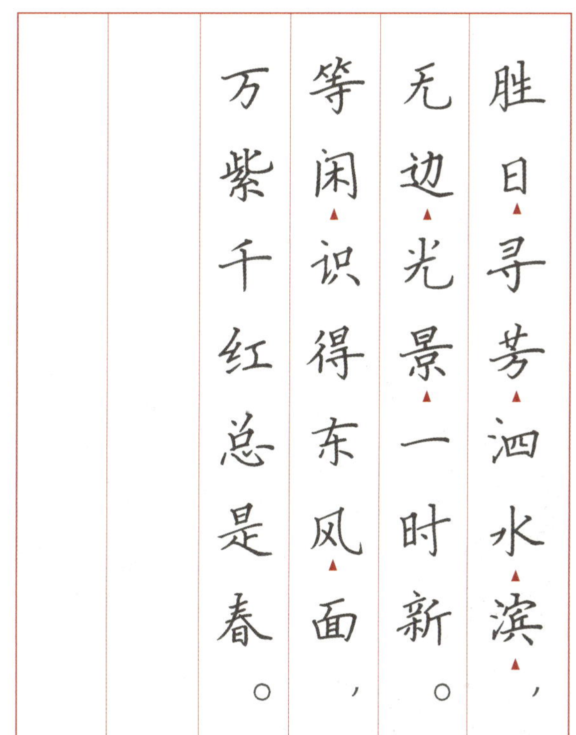

胜日寻芳泗水滨，
无边光景一时新。
等闲识得东风面，
万紫千红总是春。

▲胜日：天气晴朗的好日子。 ▲寻芳：游春、踏青。

▲泗水：河名，在今山东泗水。 ▲滨：水边，河边。

▲无边：无边无际，形容宽广。 ▲光景：风光风景。

▲等闲：随便，轻易。 ▲东风：春风。

诗说

风和日丽的日子在水边寻找春天的芬芳，无边无际的风光焕然一新。到处都是春天的气息，任谁都能认出东风的样子，因为它吹开了百花，眼前都是万紫千红的景致。

《杨柳溪堂图》　[宋] 佚名

湖边树木繁茂，在一片葱绿的岸边隐隐约约可见一座楼阁，楼阁中几位女子身着华丽，有的双手抚笛，做吹笛状，有的手捧书卷在细细品读，左侧还有一位女子微微佝偻，凭栏眺望着远处的风景。

寒食

［中唐］韩翃

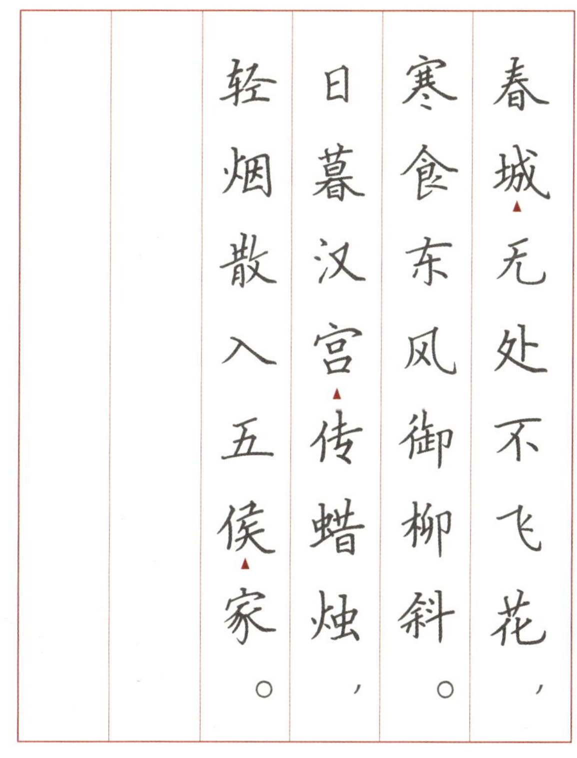

练字指导

常用偏旁之提土旁。
提土旁较为短小，
提画左放右收，
竖与横的中段相交，
右边折钩要内收，
斜钩要写长且舒展。

▲寒食：清明节的前两天为寒食节。

▲春城：暮春时的长安城，指当时的京城。

▲汉宫：原指汉代的皇宫，这里借古讽今指唐朝的皇宫。

▲五侯：原指东汉时，同日封侯的五个外戚。这里借汉喻唐，暗指受皇帝宠幸的外戚。

寒食节，是我国自古流传的一个节日。在清明节前两天，为了祭奠先祖，人们焚火三天后，只吃冷的食物，所以称为寒食节。这首诗描写的就是寒食节宫中焚火的景象。

暮春时节，城里到处都飞扬着柳絮。寒食节到了，东风吹拂着皇家花园里的柳枝。夜幕笼罩着皇宫，宫中的人们都在忙着传递蜡烛，袅袅的青烟飘入了王侯贵族的家里。

《岁朝欢庆图》【清】姚明瀚

练字指导

左右结构的字。
左右等宽，
右边低于左边，
两边各占字宽的一半。

这是一幅画过年阖家欢乐、团圆的场景，将春节喜庆热闹的气氛描写得淋漓尽致，长辈们在前厅聊着天，儿孙们庭前满心欢喜地吹笙，敲锣打鼓，放鞭炮……妇女们在后院正忙着准备丰盛的年夜饭，整个场景洋溢着欢乐的气氛。

元日

【北宋】王安石

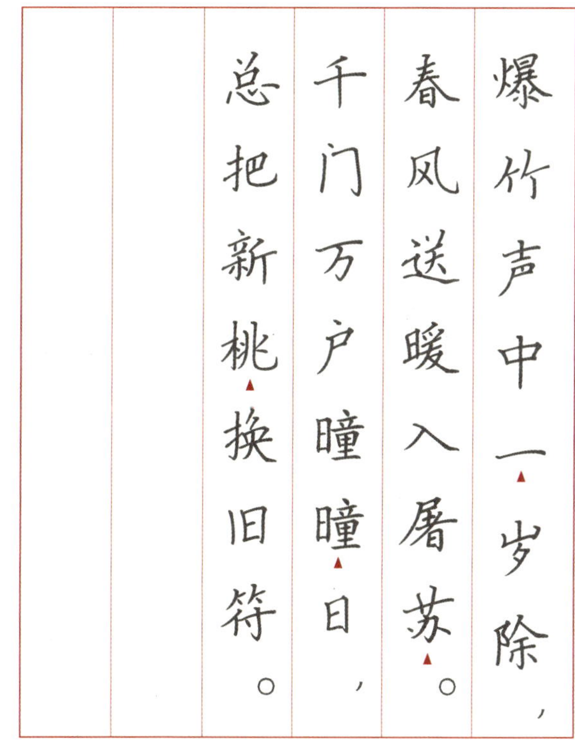

▲元日：农历正月初一。

▲一（yí）岁除：一年已尽；除，去。

▲屠苏：指屠苏酒，饮屠苏酒是古代过年时的一种习俗，以驱邪避瘟疫。

▲曈曈（tóng）：太阳初升，发出光芒。 ▲桃：桃符，是古代新年时悬挂在大门上的辟邪门饰，春联的前身。

在阵阵的鞭炮声中，旧的一年已经过去了，春风送来了新的一年，人们正在欢乐地喝着屠苏酒。太阳照耀着千家万户，大家都忙着把旧的桃符取下来，换上新的桃符。

元日，就是春节。和我们一样，古时候的人们过春节也要放鞭炮，挂桃符。诗人用诗歌，记录了古时候过春节的习俗。

《春山渔艇图》［南宋］张训礼

画赏

正值春天，画作中青山如黛，渔翁撑着小船，在湖面上撒网捕鱼。岸边桃花盛开，一棵遒（qiú）劲的古松前，掩映着一件小屋，一人在屋里凭栏眺望，仿佛在欣赏这美丽的春景。

春夜喜雨

〔盛唐〕杜甫

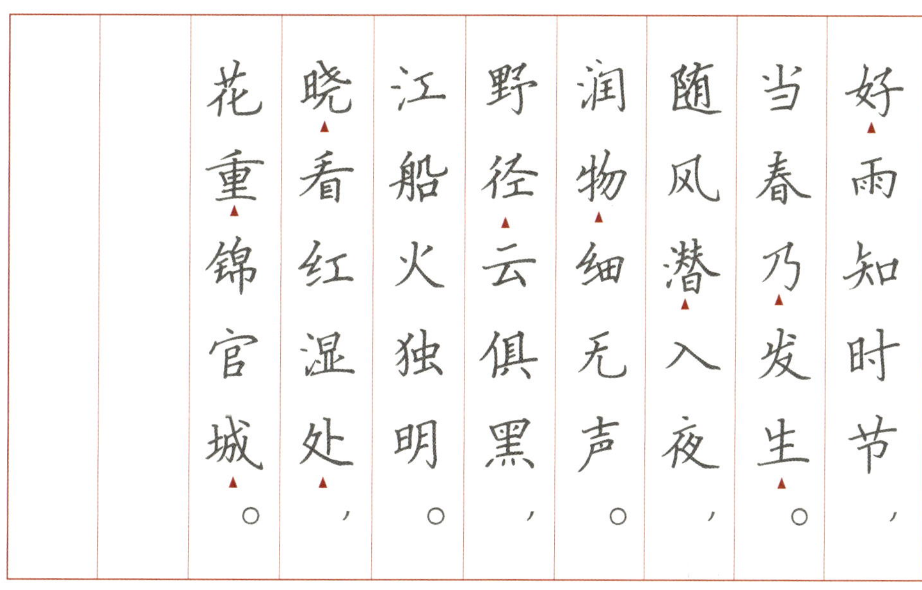

▲好：及时。 ▲乃：于是，就。

▲发生：使植物萌发生长。

▲潜：悄悄地。 ▲润物：使植物受到雨水的滋养。

▲野径：田野间的小路。

▲晓：等天刚亮的时候。

▲红湿处：被雨水打湿的花丛。

▲花重（zhòng）：花因为饱含雨水而显得沉重。 ▲锦官城：今天的四川省会成都。

美好的雨水似乎会挑选时节，降落在万物复苏的春天里。随着春风在夜晚悄悄地落下，毫无声息地滋润着万物。浓浓的乌云笼罩着小路，江上的船只点起了星星的烛火。等天亮的时候，去看沾满了露水的花儿吧，成都的大街小巷必将是繁花盛开的景象啊。

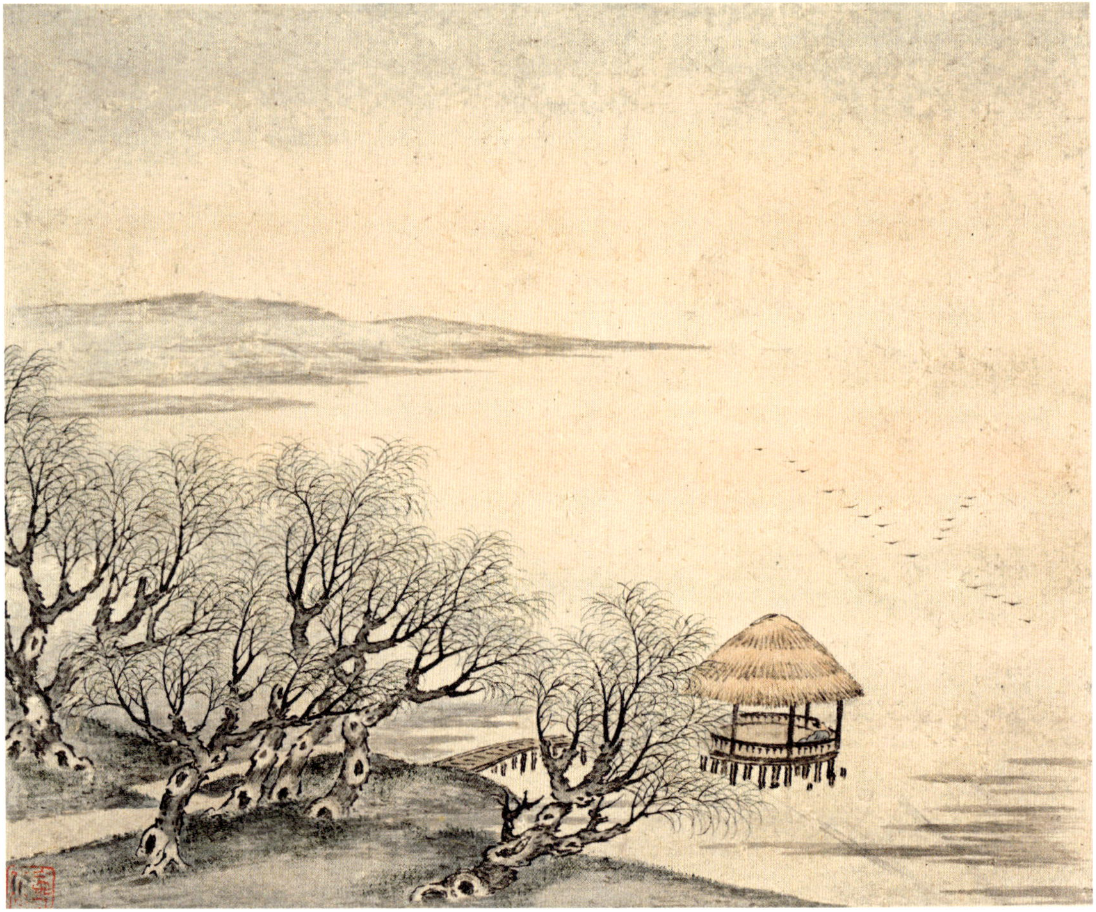

《山水图》［清］樊圻

画赏

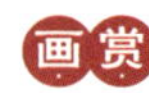

这幅画设色清丽明朗。岸边柳树青青，有一座栈桥通往湖中水榭，有一人坐在亭中凭栏远眺，湖面烟波浩渺，鸟儿自由飞翔，一派春和景明的景致。

即景

［清］查昌业

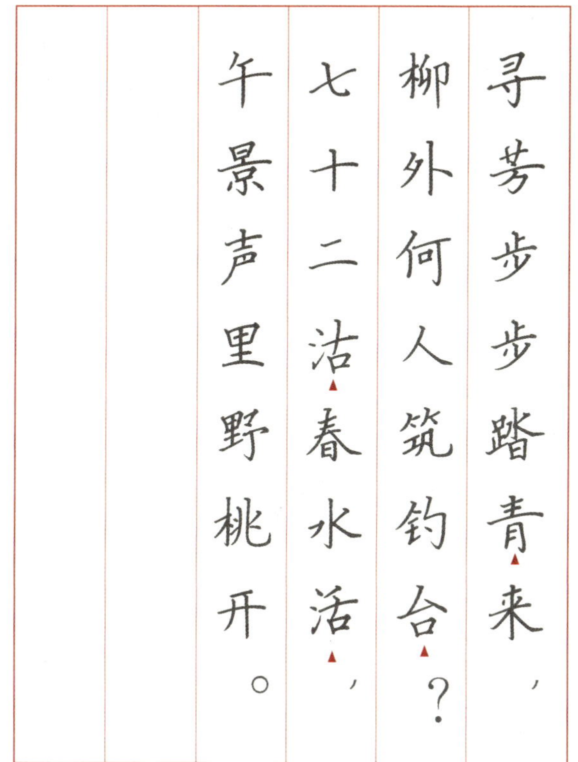

练字指导

上下结构的字。
上下同高，上下同宽，
上部左竖略低，
长横舒展抗肩，
下部点略往左边倾斜，
撇画往左倾斜且舒展。

▲踏青：指春日里郊游。

▲钓台：钓鱼的台子。 ▲七十二沽（gū）：天津的代名词。 ▲活：指源头常常流动的水。

诗人一步一步踏着青草地，寻找着芳香而来到这里，柳树边是谁筑起了钓鱼的台子？天津的河水已经活跃起来，中午的时候，人们在一起观赏着美丽的春色，野桃花也在这个时候盛开了。

《花卉——白碧桃》［明］项圣谟

练字指导

上下结构的字。
上高下矮，上宽下窄，
下边不宜写太宽，
上下部分间距要小。

这是一幅清新雅致的折枝工笔画，绿叶白花黄蕊，画家略施淡彩，整幅画色彩淡而不薄，不同凡俗，好似有一股冷艳暗香浮动其间。

相见欢·林花谢了春红

［五代］李煜

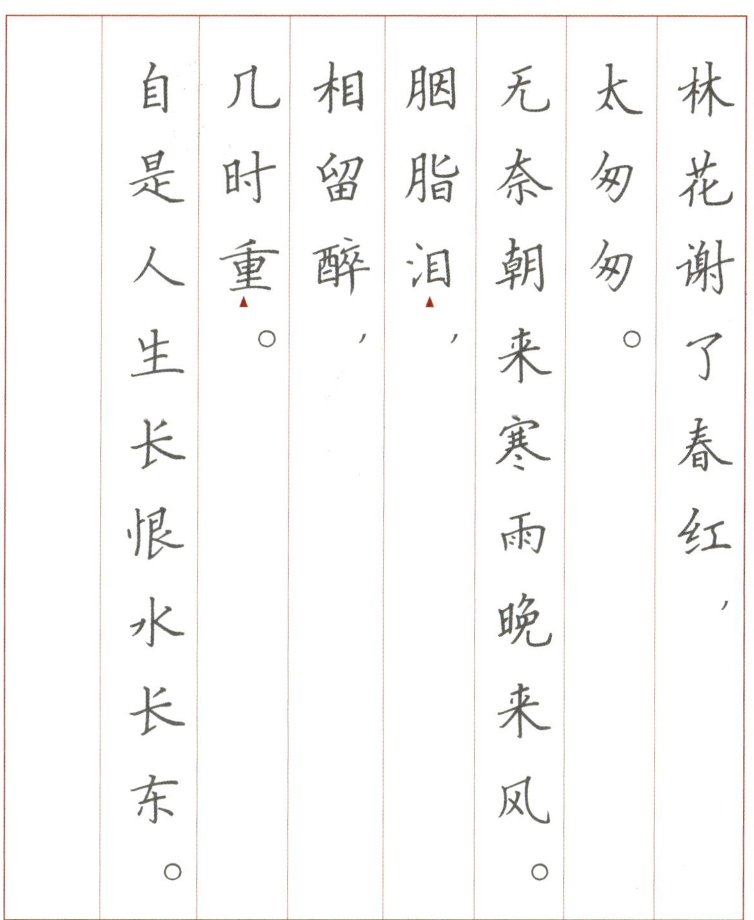

▲相见欢：词牌名。

▲谢：凋谢。

▲胭脂泪：指女子的眼泪。

▲重：再度。

诗说

林间的红花已经凋谢，一切都那么匆忙。无奈啊，白天刚下过寒冷的雨水，晚上又刮起了大风。花儿怎么能经受得起？落在地上的残花被雨水溅湿，就像脸上的胭脂被泪水打落。花儿和怜花人相互留恋，如醉如痴，什么时候才能再重逢呢？人生怨念的事情太多了，就像东去的流水，没有尽头。

《西湖胜迹图册－两峰》【明】宋懋晋

画作中用浓淡适宜的笔墨勾画出连绵的远山，高高的山中还藏着佛塔楼阁。近处的湖堤上石桥拱立，堤岸两边垂柳依依，湖面上船只缓缓前行。画家用秀润笔墨，将西湖淡雅的美表现得淋漓尽致。

- 钱塘湖：指杭州西湖。
- 孤山寺：在西湖的里湖和外湖之间。孤山上面有孤山寺。
- 贾（jiǎ）亭：即贾公亭。
- 云脚低：白云重重叠叠，同湖面上波澜连成一片，看上去浮云很低。
- 莺：黄鹂，鸣声婉转动听。
- 暖树：向阳的树。
- 啄（zhuó）：衔取。
- 乱花：指色彩缤纷的花朵。
- 没（mò）：遮没。
- 白沙堤：指西湖的白堤。

钱塘湖春行

【中唐】白居易

孤山寺北贾亭西，
水面初平云脚低。
几处早莺争暖树，
谁家新燕啄春泥。
乱花渐欲迷人眼，
浅草才能没马蹄。
最爱湖东行不足，
绿杨阴里白沙堤。

诗人来到孤山寺的北边，贾公亭的西边，暂时停下脚步，歇息歇息。湖水初涨与湖岸平齐，白云重重叠叠，同湖面的波澜连成一片。几只早春的黄鹂争着飞往能照到太阳的树木，不知道是谁家的燕子为了筑巢从别处衔来了春泥。各种颜色的花儿争相开放，迷乱了诗人的眼睛，刚刚长出的青草，正好可以没过马蹄。诗人最喜欢的就是西湖东边的景色，令人流连忘返，尤其是绿色杨柳荫下白沙堤。

《溪山春晓图》局部 ［宋］惠崇

练字指导

左右结构的字。
左右等宽，左高右矮，
右边部分短小，
写在上下居中位置。

▲卜算子：词牌名。

▲眼波：比喻目光似流动的水波。

▲行人：这里指鲍浩然。

▲盈盈：美好的样子。

▲才始：方才。

在山间环抱着一片湖水，湖面上有渔翁打鱼，在岸边有柳树抽出了新芽，桃花开出了花朵，水边丛草繁茂，整幅画将萦绕于山间的溪流、湖水与云气融为一片，灵动而深远。呈现了一片春和景明的江南画卷。

卜算子·送鲍浩然之浙东

[北宋]王观

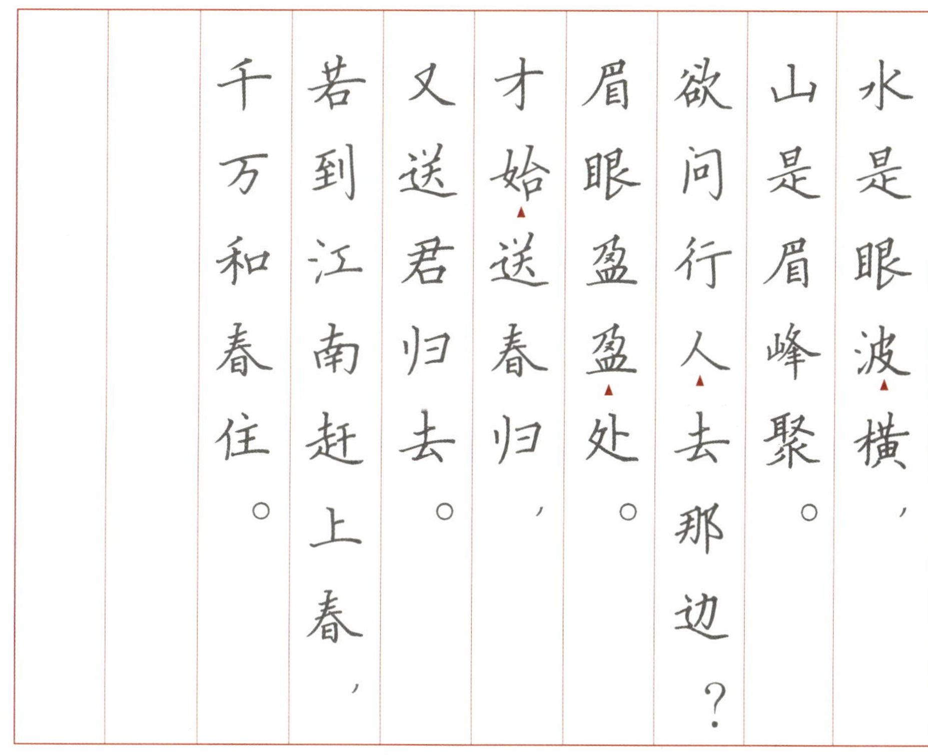

水是眼波横，
山是眉峰聚。
欲问行人去那边？
眉眼盈盈处。
才始送春归，
又送君归去。
若到江南赶上春，
千万和春住。

诗说

流水像美人流动的眼波，山峰像美人皱起的眉毛。想问一问友人，你要去哪里？原来是要到山水交汇的地方。刚刚送走了春天，又要送朋友离去，假如你到了江南还能赶得上春天的话，一定要把春天的景色留住啊。

诗人说是想留住春色，恐怕是更想留住友人吧。诗人用这首诗记录下了在春天送别友人的情景。

《鹤舞春耕图》【清】潘恭寿

练字指导

常用偏旁之草字头。
写草字头时，
两竖往中心倾斜，
竖画在横的上面出头长，
横下面出头较短。

冬去春来，大地开始恢复生机，虽然有些树上还挂着黄叶，但田野间已是一片酥绿，两位农民拿着锄头到田间忙作。远处的柳树也已经抽出了新芽，在淡淡柳烟下掩映着一片房屋。远处连绵的山峦也开始渐渐回春，慢慢变绿。

减字木兰花▲·立春

【北宋】苏轼

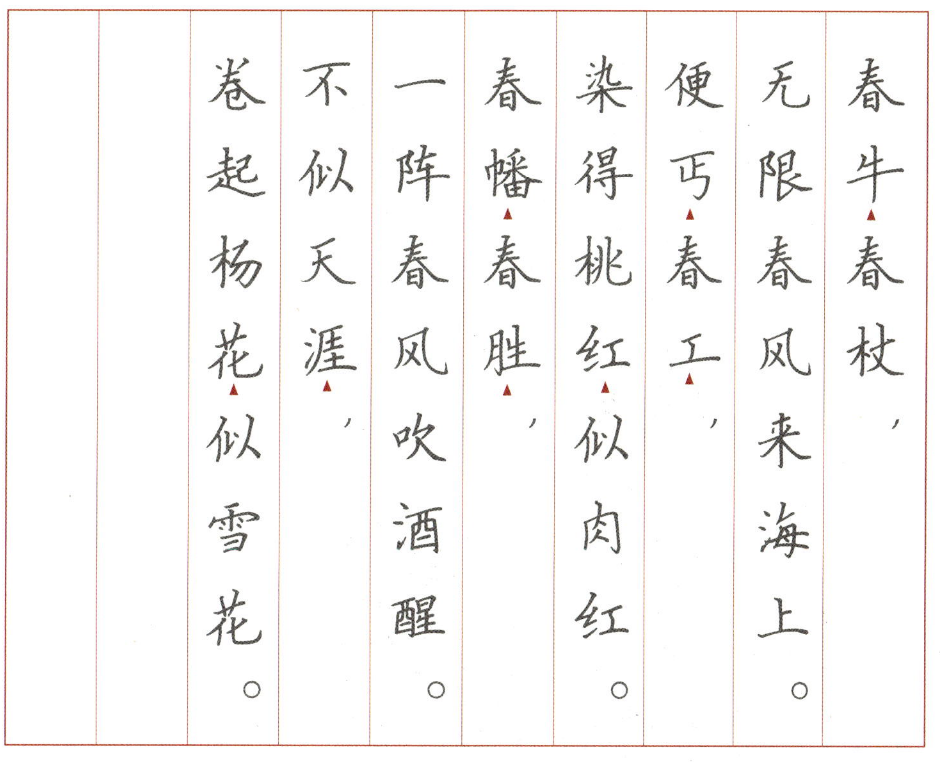

▲减字木兰花：词牌名。

▲春牛：即土牛。 ▲丐：乞求。 ▲春工：将春天比喻为农作物催生助长的农民。 ▲桃红：形容桃花鲜艳。

▲春幡：指立春时农民挂春旗，标志春天到来。 ▲春胜：一种剪成图案和文字的剪纸，迎接春天。

▲天涯：多指天边，此处指海南岛。 ▲杨花：柳絮。

诗说

耕夫牵着土牛，拉起犁杖，无限的春风从海上徐徐吹来。有人请来了春神，把桃花的淡红色染成了肉红色。农民将春旗挂起，将剪纸贴起，一阵春风吹醒了诗人的酒气。这里不是海角天涯，但卷起的杨花，多么像雪花啊！

《杜陵诗意图册》［明］谢时臣

▲南湖：指鄱阳湖。

▲早春：初春。

▲风回：春风返回大地。

▲云断：云被风吹断。

▲返照：阳光重新照射。

▲乱：繁多。

▲发：开花。

▲水蘋：蕨类植物，生在浅水中，也叫田字草。

▲翅低：飞得很低。

▲白雁：湖边的白鸥。

▲舌涩：这里指叫声不够婉转。

▲不道：不是说。

画作中远山隐隐，楼阁掩映在丛林中。近处山峰耸立，树木葱郁，画面中有一位高士站在湖边欣赏风景，身后书童指着远方，仿佛在提醒主人别忘了赶路。

南湖早春

【中唐】白居易

风回云断雨初晴，
返照湖边暖复明。
乱点碎红山杏发，
平铺新绿水蘋生。
翅低白雁飞仍重，
舌涩黄鹂语未成。
不道江南春不好，
年年衰病减心情。

风已经停歇了，雨也已经停止，天空刚刚晴朗起来。阳光透过湖面返照出湖边的倒影，更显得明亮清新。山上的杏花开得漫山遍野，湖面上的浮萍一望无际，就像整齐的草坪一样。白雁翅膀上的雨水还没有干，只能低空飞行。黄鹂的舌头也还有些生涩，没法欢叫。诗人看到这美丽的江南景色，却提不起兴致。他想了想，不是说这景色不好，只是因为自己的身心越来越衰老，欣赏风景的兴致减少。

《柳禽白鹇图》［明］汪肇

画赏

画的右侧有一棵枝干遒劲的柳树，在树的上方垂下了刚刚发芽的柳枝，在柳树一旁正盛开着艳丽的桃花，几只形态各异的喜鹊穿插其中，在画的下方用重笔挥洒出奔腾的江水和翻滚的浪花，一旁有两只白鹇（xián）立于石上，各自嬉戏，整幅画生动有趣、浑然天成，让人感受到了浓厚的春天气息。

惜春词

[晚唐]温庭筠

▲百舌：鸟名，能模仿百鸟的叫声。▲横塘：这里泛指秦淮河。▲金缕：金贵的枝条。
▲君：明指花，暗喻人。▲妖韶：美好。▲颦（pín）：皱眉。▲迢迢：指远逝。

百舌鸟问花儿，春天什么时候结束？花儿不说话。花儿们低着头，好像在抱怨着横塘的雨水把春天赶走了。蜜蜂们争相采集着花粉，蝴蝶们在花丛中飞舞，分享着花儿的芬芳。它们都不像杨柳那样，非常珍惜自己金色的枝条。希望你在春天里，能长久地保持这样娇艳的状态，不要因为追逐东风而变得摇摆不定。此时，诗人看到一位秦女，她皱着眉头望着烟雾笼罩的月亮，忧愁的容颜带着露珠空对远方。

《桃源梦》局部　［明］项圣谟

练字指导

左中右结构的字。
右宽左中窄，
中间不宜写散，
左边高右边低。

- ▲恣行：尽情游赏。
- ▲遥山：远山。
- ▲乱红：指落花。
- ▲苔矶：长满青苔的石头上。
- ▲游衍：指游玩超出范围，肆意玩耍。

画作中水光潋滟，田野阡陌交错，河岸坐落着连片的房屋，两岸树木苍翠，桃花烂漫。村舍间人们三五成群，把话家常。远处青山隐隐，整幅画卷给人一种世外桃源的感觉。

郊行即事

［北宋］程颢

芳原绿野恣行事，
春入遥山碧四围。
兴逐乱红穿柳巷，
困临流水坐苔矶。
莫辞盏酒十分劝，
只恐风花一片飞。
况是清明好天气，
不妨游衍莫忘归。

诗说

诗人在长满芳草花儿的原野上尽情游玩，春天的景色已经满布了远处的山峦，四周一片碧绿。趁着兴致穿过柳丝飘摇的小巷，追逐随风飘起的花瓣，感到累了就对着溪水坐在长满青苔的石头上休息。不要推辞了，友人啊，你就喝下这杯酒吧！不要辜负我的一份心意。况且今天是晴朗的好天气，又值清明佳节，是游玩的最好时节！但也不要因为这样就忘了返回啊。

你一定非常期待每年的春游，因为到了春天万物都会复苏，到处都是欣欣向荣的景致。这首诗，就是诗人在春天郊游时写下的。

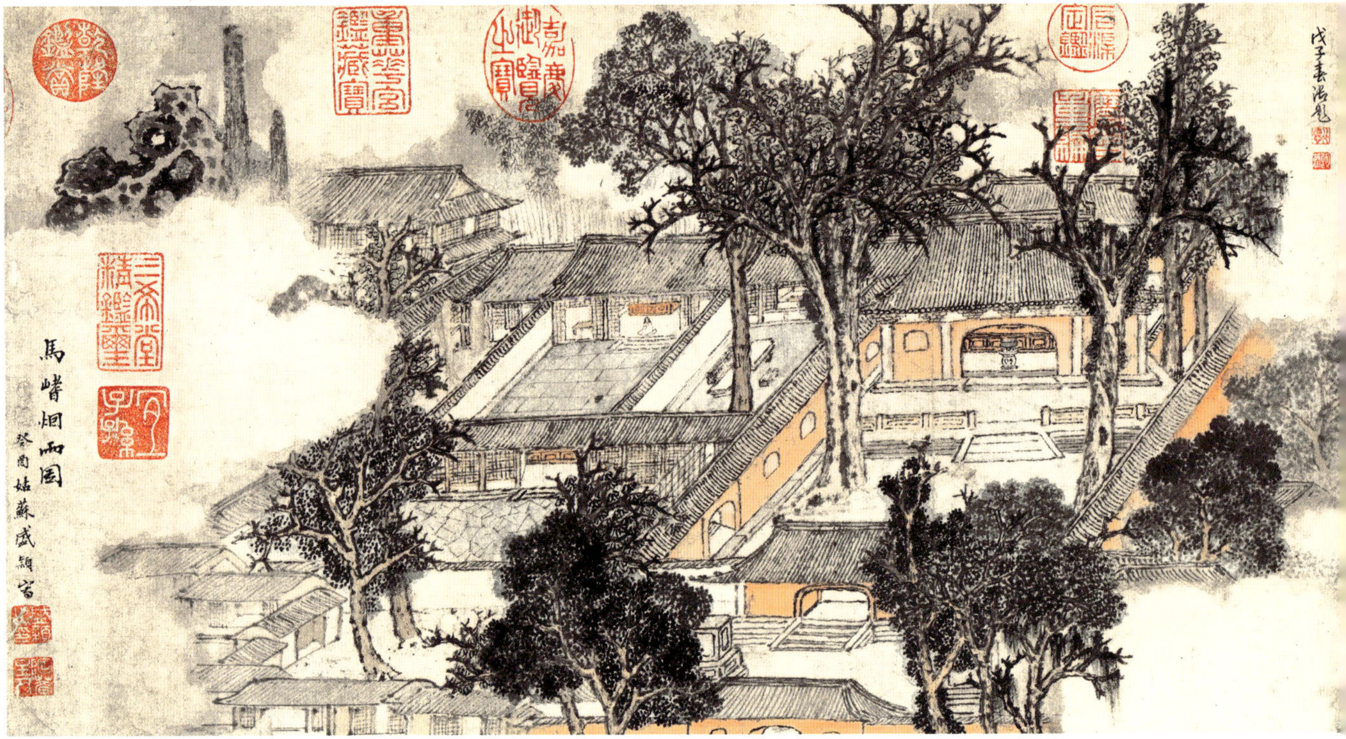

《马嗜烟雨图》［明］盛颖

高大的树木，明黄的寺墙，朦胧的烟雨，在画家或浓或淡的笔墨下，显得相得益彰。整幅画仿佛被一层若有若无的云雾所笼罩，意境悠远。

如梦令·昨夜雨疏风骤

【南宋】李清照

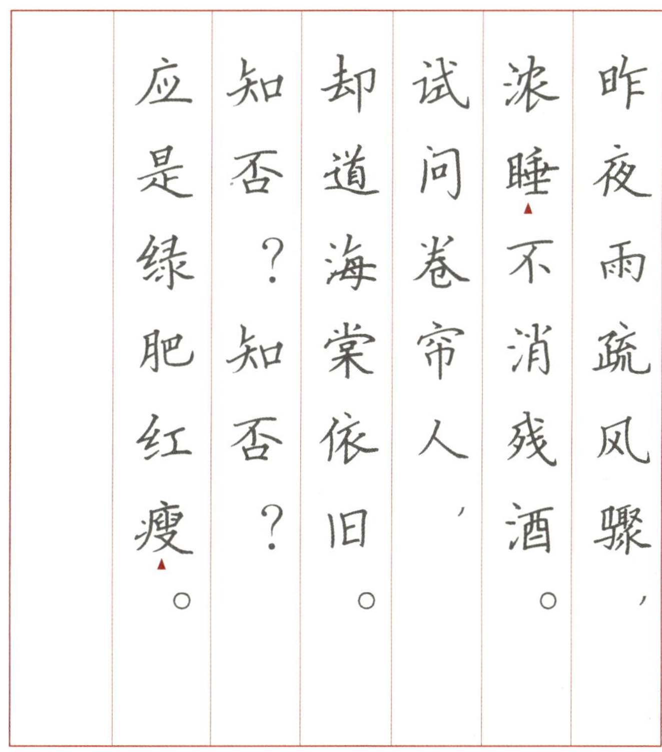

昨夜雨疏风骤，
浓睡不消残酒。
试问卷帘人，
却道海棠依旧。
知否？知否？
应是绿肥红瘦。

▲如梦令：词牌名。

▲雨疏风骤：雨点稀疏，晚风急猛；疏，指稀疏。 ▲浓睡：酣睡。 ▲绿肥红瘦：绿叶繁茂，红花凋零。

诗说

昨天夜里下的雨虽然稀疏，可风却吹个不停。诗人沉沉地睡了一夜，醒来觉得昨夜的酒劲还未消散。“外面的情况如何啊？”诗人向正在卷起帘子的侍女问道。侍女却对诗人说：“海棠花还是和以前一样。”诗人暗自感慨：你可知道，此时应该是绿叶繁茂，红花凋零了。这种难言的嗔怪和对花儿的怜惜，是侍女无法理解的。

《荷塘蜻蜓翠鸟图》 于非闇

练字指导

常用偏旁之木字底。
木字底要横短竖长，
撇高捺低，不要写长，
木字底竖画对齐上部中心。

一株洁白的荷花傲立在碧绿的荷叶中，如同亭亭玉立的少女，明艳美丽。淡淡的花香引来了蜻蜓，围绕在它的四周，一只翠鸟藏在荷叶下，悠闲自在，整幅画面充满了鲜活灵动的意趣。

小池

［南宋］杨万里

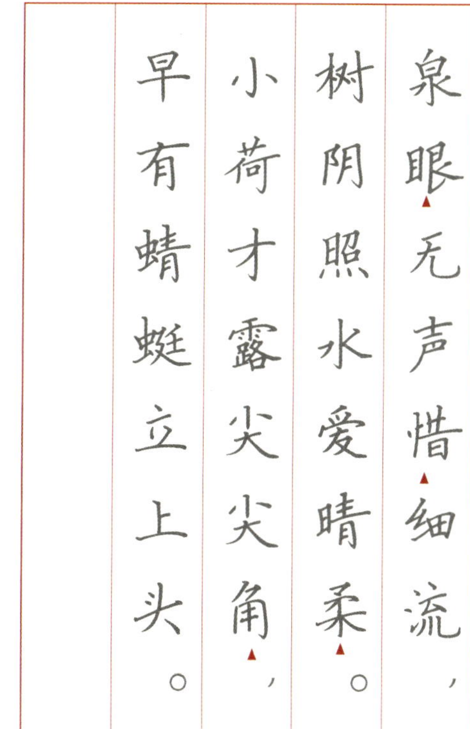

▲泉眼：指泉水的出口。

▲惜：爱惜。

▲晴柔：晴天时柔和的风光。

▲尖尖角：荷花苞蕾初生的尖端。

泉眼悄然无声，是因为不舍那细细流淌的泉水啊。树荫倒映在水面上，这水塘和树荫都喜欢晴天和微风的轻柔。池塘里已经生满了娇嫩的荷叶，那边小小的荷叶刚刚从水里露出头，就有一只调皮的蜻蜓停在了叶子的上面。

初夏的时候，无论是自由飞翔的小蜻蜓，还是刚刚露出脑袋的荷叶，都透着可爱和活力。

《弘历观荷抚琴图》〔清〕郎世宁

练字指导

左右结构的字。
左宽右窄，左矮右高，
左边口字上宽下窄，
下部横略往左倾斜，
右边左竖短，竖钩长，
竖钩挺拔且与左竖平行。

湖里的荷花开得娇艳多姿，画中乾隆皇帝身着便装，临湖抚琴，远处高山流水，松枝上还栖着一只白鹤，让人看了不禁感觉胸襟开阔。

晓出净慈寺送林子方

［南宋］杨万里

毕竟西湖六月中，
风光不与四时同。
接天莲叶无穷碧，
映日荷花别样红。

▲净慈寺：杭州西湖畔一座著名的佛寺。
▲林子方：作者的朋友。
▲毕竟：到底。
▲四时：原指春夏秋冬四季。这里指除六月以外的时间。
▲别样：特别的，不一样的。

到底是六月的西湖啊，这时的风光和其他的季节都不相同。水中的荷叶一片一片连在一起，望上去是一片无尽的碧绿，荷花在阳光的照耀下也显得格外艳丽鲜红。

这是诗人早晨送朋友出寺庙时所见的景象。

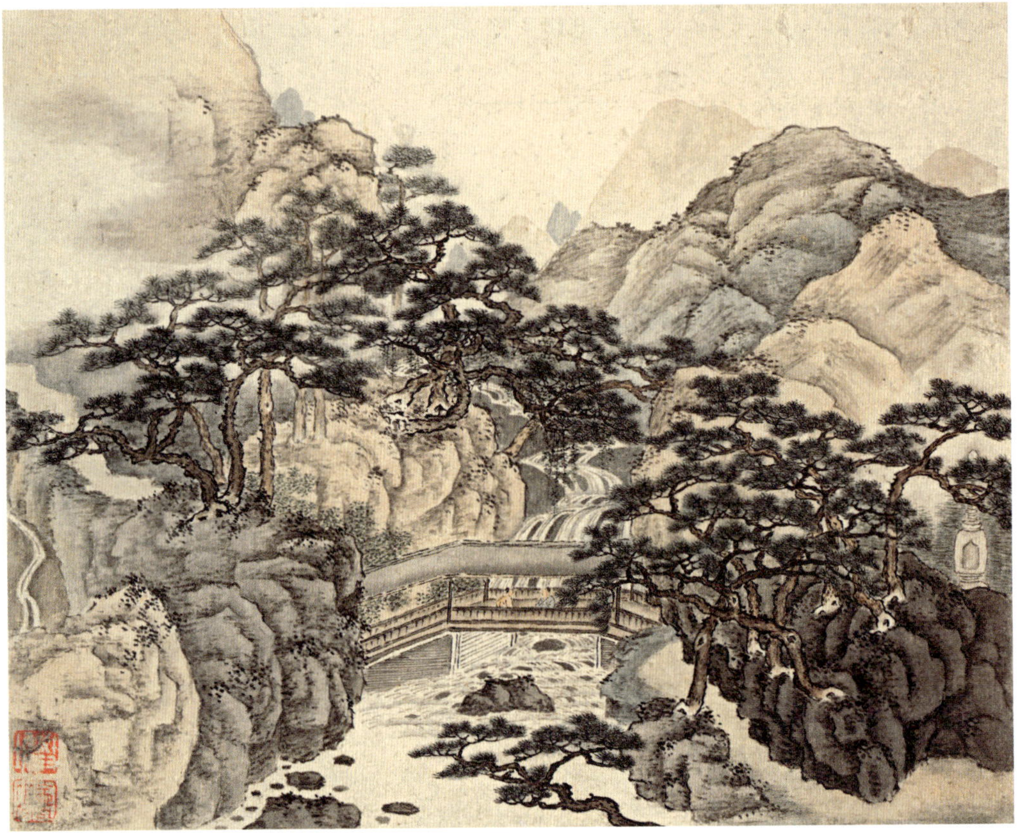

《山水册页》［清］樊圻

远山隐隐，群山耸立。一条河流从远处蜿蜒而下，有一座廊桥横跨在水面上，画中有两位高士凭栏凝视，聆听高山流水之意境，水边古松苍翠。整幅画悠闲静逸，意境幽远。

夏日六言

［南宋］陆游

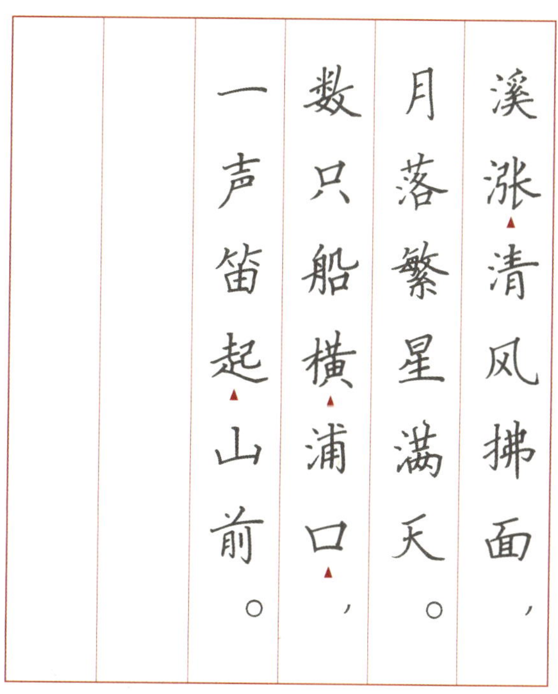

练字指导

半包围结构的字。
左下包右上，
走字旁三横平行，
且右侧齐平，
第二笔横画不要写太长，
右上部分不要写太高，
写在走字的中间位置。

▲溪涨：溪水上涨。

▲横：停泊。

▲浦口：在今南京西北部，长江北岸。

▲起：发出。

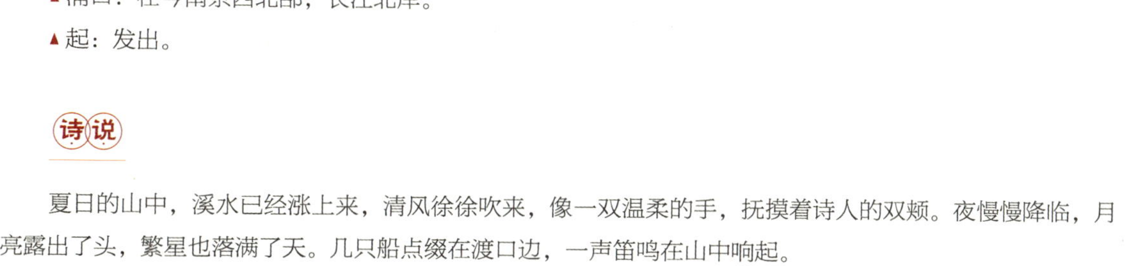

诗说

夏日的山中，溪水已经涨上来，清风徐徐吹来，像一双温柔的手，抚摸着诗人的双颊。夜慢慢降临，月亮露出了头，繁星也落满了天。几只船点缀在渡口边，一声笛鸣在山中响起。

夏日的星空像孩童眼中的童话，山中的夏日除了宁静还有惬意。

《山水册页》［清］樊圻

画中树叶画法别致，画家用绿色的颜料点墨晕染，将岸边的树木、河中的水草绘制的茂密葱郁。牧童骑在牛背上，看着远处正在劳作的农民。整幅画淡墨铺绘，色彩雅致，充满了浓浓的乡村生活气息。

乡村四月

［南宋］翁卷

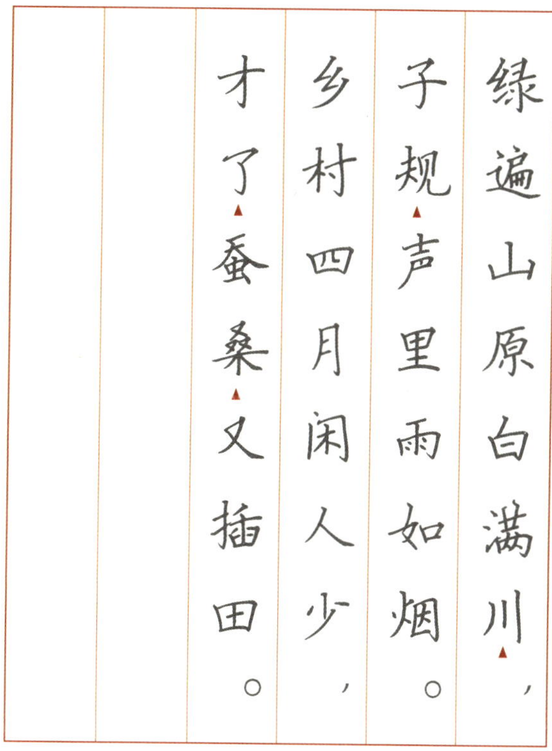

练字指导

独体字。
居中对称，
起笔横不要写太宽，
竖钩要写直，略向左倾斜，
在横的中间写竖画。

▲川：平地。

▲子规：指杜鹃鸟。

▲才了：刚刚结束。

▲桑蚕：种桑养蚕。

山坡田野中草木茂盛，稻田里的水色和天光交相辉映。天空中烟雨蒙蒙，杜鹃鸟也在不停地啼鸣。四月的时候，整个乡村便没有闲人了，农夫们刚刚忙完了种桑养蚕的农事，现在又开始插秧了。

《竹炉山房图》【明】沈贞

画赏

整幅画色彩看起来清新雅致，远处山峦耸立、老树枯枝，近处叶竹围绕山房，房中两人对坐喝茶，好生惬意，院中绿树掩映，一派生意昂然。

夏日田园杂兴 其一

[南宋]范成大

练字指导

左右结构的字。
左窄右宽，左高右矮，
左部横要写短，
且平行等距，
竖弯钩要写舒展。

▲梅子：梅树上的果实，夏季成熟，可以吃。

▲麦花：指荞麦花；荞麦，粮食作物，春秋均可播种。

▲日长：指夏季白天很长。

▲篱落：用竹子或树枝编成的篱笆。　▲蛱蝶：就是蝴蝶。

树上的梅子已经成熟变成了金黄色，杏子也越长越大。荞麦花都开了，一片雪白，很是好看。与荞麦花相比，油菜花却显得稀稀落落。白天变得越来越长，篱笆的影子随着太阳的升高而变短，这时的田园很少有人路过，只有蜻蜓和蝴蝶绕着篱笆飞来飞去。

这首诗让我们看到了田园中一派生机盎然的景象。

《夏日山居》〔元〕王蒙

练字指导

左右结构的字。
左右同形，
右边竖钩长于左边竖钩，
右边钩画在最低点，
左右两边不要离得过远。

画赏

山下松树高耸挺拔，左边山脚下，有着一间半敞的茅屋，屋内两人相谈甚欢，画面充满了生活情趣；画中的山体用细密而短促的牛毛皴（cūn），表现了山峦的层次和空间感。整幅画描绘出夏日山中的清凉和安逸。

夏日山中

〔盛唐〕李白

懒摇白羽扇，
裸袒青林中。
脱巾挂石壁，
露顶洒松风。

▲裸袒：指诗人在青林里脱去头巾，不拘礼法的形态。▲青林：指山中树木苍翠，遮天蔽日。
▲脱巾：摘下头巾。　▲露顶：露出头巾。　▲松风：松树间吹风的凉风。

懒得摇动白羽扇来祛暑，披散着头发悠然自得地待在苍翠的树林中。将解下的头巾挂在石壁上，任由松树间的凉风吹过头顶。

炎热的夏天，有时还有些燥热，诗人李白却表现得无拘无束，在山林间豪放自如别有一番悠然自得的闲趣，是不是特别让人羡慕呢？

《鸣泉图》局部 【明】梅清

练字指导

上下结构的字。
上高下矮，上下等宽，
上部短横要等距，
最后一笔捺要舒展。

画赏

远山高低起伏，郁郁葱葱，树木侧身生长。瀑布从山中飞流直下，宛如一条银带，画家用细腻的笔触，勾画出水流的波纹。山坡上一位隐士手持策杖眺望着这气势磅礴的景色。

山亭夏日

〔晚唐〕高骈

绿树阴浓▲夏日长，
楼台倒影入池塘。
水晶帘▲动微风起，
满架蔷薇▲一院香。

▲浓：指树丛中阴影很深。

▲水晶帘：比喻晶莹华美的帘子。

▲蔷薇：植物名，大多指藤状爬篱笆的小花。

在葱茏的绿树下，越发觉得夏日是如此漫长，楼台的倒影映入了水池中。水晶帘子在风中微微摆动，满架子的蔷薇花让整个院子都芳香怡人。这是一个多么惬意自由的夏天啊！

夏日，是属于欢乐的季节，我们都希望美好的季节过得慢一些，再慢一些。诗人也和我们一样。

《荷花图》［清］吴应贞

画赏

画中描绘了一幅夏日池塘风和日丽的景色，画面没有刻意描绘水，而用鱼儿在荷花丛中惬意游动，巧妙将清水表现出来。画中荷花绰然俏丽，花、叶敷色艳丽而不浓腻，花、叶含水带露的润泽、鲜灵与生动，清逸秀爽的笔墨则写出了“出淤泥而不染”的荷花品格。

子夜吴歌·夏歌

［盛唐］李白

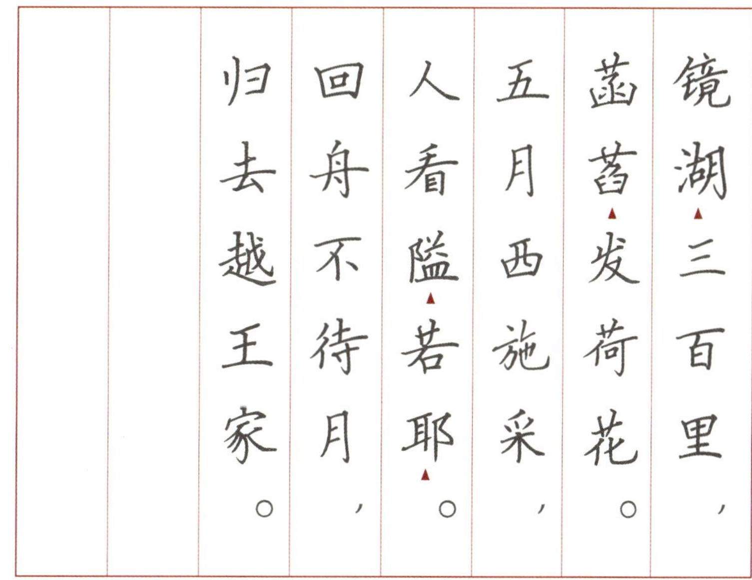

练字指导

常用偏旁之金字旁。
写金字旁时，
左边三横微扬且等距，
两边注意笔画的穿插，
右边第二横写得较为舒展，
弯钩写得长一点。

▲镜湖：在今浙江绍兴东南。

▲菡萏（hàn dàn）：荷花的别称。

▲隘（ài）：变狭隘，这里指挤满了。

▲若耶：若耶溪，在今浙江绍兴境内。

镜湖总共有三百余里（约 150 千米），盛夏时节，到处都盛开着娇艳的荷花。听说西施曾在五月来这个地方采过莲，所以来这里观赏的人挤满了若耶溪。自打那次采莲回家后不到一个月，西施便被选入了宫中，成了皇帝的妃子。

荷花盛开，预示着夏季的到来。荷花和美人，总有着剪不断理还乱的关系。

《山水画》 〔清〕王郭铭

天空乌云密布，画家别出心裁，用笔墨画出看不见的风，再加上树木水草向一边倾斜，仿佛狂风大作，将整个气氛带入了紧张之中，河中有一叶小舟逆风而行，船夫撑着长长的竹竿，画中主人公神情焦急，怕是想快一点到达目的地吧。

南歌子·游赏

[北宋] 苏轼

山与歌眉敛，
波同醉眼流。
游人都上十三楼。
不羡竹西歌吹、
古扬州。
菰黍连昌歜，
琼彝倒玉舟。
谁家水调唱歌头。
声绕碧山飞去、
晚云留。

▲南歌子：词牌名。 ▲游人：游玩的人。 ▲十三楼：宋朝杭州名胜。

▲竹西歌吹：竹西亭，扬州亭名，又叫“歌吹亭”。 ▲扬州：淮河以南、长江流域东南。

▲菰黍（gū shǔ）：指粽子。 ▲昌歜（chāng chù）：宋代的时候用菖蒲的嫩茎切碎加上盐的腌制品。

▲玉舟：玉制的酒杯。

远山的青黛色与歌女的眉毛一样绿，碧波就像人的醉眼一般。凡是来西湖的游客都爱去登十三楼，只要登过就不会再羡慕古代扬州的竹西亭了。粽子和昌歜，玉壶里倒满了琼浆。是谁家唱起水调歌头？歌声绕着青山飞去，晚云又将它挽留。

《山水册页》［清］樊圻

画赏

画中的主体是宽阔的江水，江面上烟波浩渺，远处有一艘帆船，纤夫们拉着船使它靠岸，近处有一页小舟，船夫们前后划桨，让人们渡江。岸边房屋鳞次栉比，整个画面充满了浓郁的江南生活气息。

诗说

湖光山色最美的地方就是诗人的家乡，槐树柳树的树荫下面，小径幽幽。满池的湖水就像要溢出来一般，白鹭在岸边翩翩起舞。湖岸边的草丛里，处处都有青蛙的叫声。新冒出的竹笋早就已经成熟了，紫色的玉兰花却刚刚开始绽放出第一朵花。回到家乡后，当年相识的人现在已经见不到了，午时梦回饮茶时，诗人想着：谁来和我一起共话当年呢？

陆游在盛夏的时候，回到了自己的家乡，写下的这首诗。

幽居初夏

〔南宋〕陆游

湖山胜处放翁家，
槐柳阴中野径斜。
水满有时观下鹭，
草深无处不鸣蛙。
箨龙已过头番笋，
木笔犹开第一花。
叹息老来交旧尽，
睡来谁共午瓯茶。

▲湖山：湖水和山峦。 ▲胜处：美好的地方。

▲野径：村野小路。 ▲有时：有时候。 ▲无处：所有的地方。 ▲鸣蛙：指蛙叫声。

▲箨（tuò）龙：指竹笋。

▲木笔：又名辛夷花或紫玉兰，是初夏常见之物。 ▲叹息：叹气，嗟叹。 ▲交旧：旧友，老朋友。

▲瓯（ōu）：杯子。

书写练习（同步临摹）

文中对应页

少 3

莺 9

杏 13

春 14

外 16

有 18

我 22

城 27

新 28

步 33

留 34

绘画作品索引（仅为本册索引）

全套诗词索引（按诗人朝代和出生先后来排序）

中唐诗歌

晚唐诗歌

北宋诗歌

南宋诗歌

元明清诗歌

《春岸归骑图扇面》 [明] 文嘉

图书在版编目（CIP）数据

你好啊，小诗词．春夏各有实 / 王迎新编著 ； 霜豪绘．-- 北京 ： 中国铁道出版社有限公司，2021.5

ISBN 978-7-113-27736-9

Ⅰ．①你… Ⅱ．①王… ②霜… Ⅲ．①古典诗歌一中国一中学一课外读物 Ⅳ．①G634.303

中国版本图书馆 CIP 数据核字（2021）第 026332 号

书　　名： **你好啊，小诗词：春夏各有实**

NI HAO A，XIAOSHICI：CHUNXIA GE YOU SHI

作　　者： 王迎新

插　　图： 霜　豪

策划编辑： 聂浩智　郭景思

责任编辑： 郭景思　　**电子信箱：** guojingsi@sina.cn

责任印制： 赵星辰

出版发行： 中国铁道出版社有限公司（100054，北京市西城区右安门西街 8 号）

印　　刷： 北京柏力行彩印有限公司

版　　次： 2021 年 5 月第 1 版　　2021 年 5 月第 1 次印刷

开　　本： 889 mm × 1194 mm　1/24　印张：24　字数：640 千

书　　号： ISBN 978-7-113-27736-9

定　　价： 198.00 元（全 8 册）